LETTRE

SUR LES

SERMENS POLITIQUES.

DE L'IMPRIMERIE DE S. LAMORT.

LETTRE

SUR LES

SERMENS POLITIQUES,

AUX HABITANS DU DÉPARTEMENT DE LA MOSELLE;

PAR

ALBERT-FRANÇOIS DE LASALLE,

CITOYEN DE METZ,

AUTEUR DES CONJECTURES PHILOSOPHIQUES, RELIGIEUSES
ET POLITIQUES.

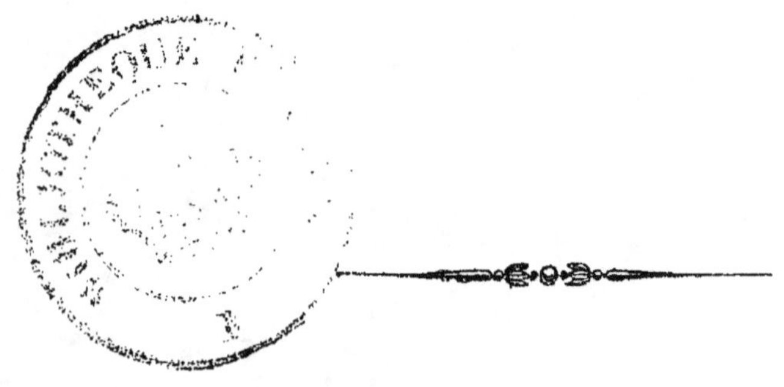

A METZ,

Mme THIEL, LIBRAIRE, RUE DU PALAIS, N° 2;

PARIS,

TREUTTEL-WURTZ, RUE DE LILLE, N° 17.

—

1833.

Mes chers Concitoyens,

Vous le savez, depuis un demi-siècle à peu près, j'ai prêté bon nombre de sermens de fidélité ; j'en compterais neuf au moins : le dernier était toujours réputé le meilleur et le plus durable. Cependant et successivement, ces sermens se détruisaient, se condamnaient, se réprouvaient les uns les autres ; aussi, je ne puis me dissimuler tous les reproches de parjure et de manquement de foi que ma déplorable facilité a pu m'attirer. A ce sujet, mes chers concitoyens, si vous avez conçu de moi une mauvaise opinion, de grâce, veuillez suspendre encore votre jugement et m'écouter.

Je saisis l'occasion du nouveau serment qui m'est déféré (1), pour justifier tous mes engagemens antérieurs et exprimer, une bonne fois, le crédit qu'on doit en général leur accorder.

Avant tout, ne confondons pas je vous prie, les sermens civils, judiciaires ou tous autres, avec le serment politique. Ceux-là affectent la probité, ils sont moraux, consciencieux et sacrés ; ils concernent un fait, une affirmation, des engagemens réciproques ou des fonctions connues, et il y a effectivement mauvaise foi, lorsqu'on les viole : l'autre, le serment politique, est de sa nature, variable et journel-

____

(1) Des maladies m'avaient empêché d'assister aux précédentes élections.

lement susceptible des nombreuses modifications que l'é-
vénement qui l'a nécessité peut éprouver; ces modifications
sont encore bien plus chanceuses lorsqu'elles sont le résultat de l'influence active d'un mouvement révolutionnaire.

En Europe, depuis nombre de siècles, la souveraineté
appartient, en général, à des familles dynastiques. Le ter-
ritoire est leur apanage; la société et ses dépendances
leur propriété; toute la force matérielle est entre leurs
mains et à leur disposition. Mais, pour consolider cette
force matérielle, pour la rendre durable, il fallait l'ap-
puyer d'une force morale, d'une promesse d'honneur, d'un
engagement consciencieux. Tels sont les principes d'après
lesquels ces familles puissantes demandèrent et obtinrent
de leurs sujets (serfs, vassaux, hommes liges, etc., etc.)
des sermens de fidélité à leur personne, de soumission à
leur bon plaisir et d'obéissance à leur vouloir.

Tels ont été et tels sont encore la nature des exigences,
le résultat des situations, enfin le produit des nécessités.
La violation de l'engagement contracté, le manquement
de foi étaient réputés félonie et punis, au nom du prince
même, comme le plus grand des crimes.

Sans pénétrer ici dans la question de droit, je ne m'at-
tacherai qu'à celle de fait et d'ordre public. Il me semble
donc que, tant que ces familles dynastiques jouissent de
la plénitude de la souveraineté, tant qu'elles l'exercent
sans restrictions, sans contestation et avec sécurité, elles
ont un motif puissant et légal de réclamer ce serment
de fidélité et d'exiger son entier accomplissement. Ainsi,
et par intérêt pour l'ordre public, c'est à l'exercice seul
de la souveraineté que cette fidélité peut être engagée et
promise; mais aussi, et par une conséquence inévitable,
si cette souveraineté change de destinée, si elle passe en
d'autres mains, la fidélité, comme son ombre inséparable,

comme son humble compagne, et par la force du mouvement qui l'entraîne, doit se déplacer comme elle et s'identifier avec sa nouvelle situation ; c'est donc toujours la nécessité de l'ordre public qui régit la question.

Faisons maintenant à la France l'application de ce principe conservateur et de cette loi de mutation.

Une révolution formidable est venue ébranler les bases antiques de son système social : la souveraineté dynastique, d'abord mise en question, puis attaquée avec vigueur par de nombreux efforts, fut démolie pièce à pièce ; le corps social s'attribuant la conquête l'a déclarée légitime ; tel semblait devoir être le terme de la lutte engagée. Cependant, il arriva des contre-temps, des mouvemens rétrogrades, quelquefois l'ancien système prévalait ; les familles dynastiques, ou celles qui cherchaient à s'intercaler dans leur catégorie, renouvelèrent à diverses époques le combat et parvinrent à ressaisir tantôt des portions, tantôt la totalité de cette souveraineté tant regrettée. Il dut résulter de cet état d'hostilité, de fréquentes oscillations, des revers graves et des victoires sanglantes, enfin le parti soit populaire, soit dynastique qui l'emportait de fait, appelait à grands cris à son secours de nouvelles garanties ; il exigeait de nouveaux hommages et prescrivait à son profit de nouveaux engagemens de fidélité.

Voilà quelle a été, mes chers concitoyens, la cause de tant de sermens, contradictoires les uns aux autres et que, jusqu'à ce jour, j'ai été obligé de prêter ; ces sermens étaient évidemment le produit direct d'une force étrangère qui agissait sur moi et me contraignait sans aucun égard ni pour mes sympathies, ni pour mes répugnances, ni pour ma volonté ; il fallait obéir........ obéir, se soumettre à la force. Est-ce donc un crime? mais poursuivons.

J'ai exposé avec vérité, je crois, les nécessités de ma situation, quant à mes sermens passés. Recherchons actuellement ce que je dois penser du serment à venir et qu'on me demande.

Si ce serment n'est imposé que par un parti, vainqueur de nouveau, qui, pour constater son triomphe et consolider sa victoire, a aussi recours à ce vieil usage, à ce moyen accoutumé, en le prêtant, je déclare n'attacher à mes expressions ni importance, ni valeur, et dans ma consience, je le classe à l'avance dans la catégorie de tous ces sermens caducs qui l'ont précédé. Mais s'il m'est imposé par *la souveraineté sociale* (2), si cette souveraineté

---

(2) Je pourrais bien dire, *souveraineté du peuple*, mais ce mot est gâté, et d'ailleurs, il ne rend pas toute ma pensée. Le peuple, à la vérité, est la source de toute souveraineté ; toutefois, il l'est comme ce rocher brut et sauvage est la matière première d'un édifice élégant et majestueux, que chacun admire ; mais, c'est la mise en œuvre de cette masse, jadis informe, qui a produit le mérite de cette étonnante métamorphose : il en est ainsi de la souveraineté du peuple. Selon moi, elle ne se développe et ne prend le caractère auguste qui lui appartient, qu'autant qu'elle cherche son appui et sa consolidation dans les nombreux attributs de la sociabilité et de la civilisation ; mais la souveraineté du peuple agissant seule et pour son compte, isolée des sentimens religieux, de la morale, de la justice, de l'amour de la patrie, de l'honneur, des lumières, de l'industrie, des richesses, de l'égalité des droits, de toutes les libertés, et surtout de la liberté de la presse, de la représentation législative, etc., je le répéte, isolée de ces attributs essentiels ou nécessaires, la souveraineté du peuple n'est rien ; il y a plus, mise en action, elle devient quelquefois une calamité publique, un fléau qui ravage la contrée. C'est alors 93 avec son sinistre cortège et ses nombreux malheurs. Je pense donc que, *souveraineté sociale*, est l'expression qui convient le mieux à l'idée qu'elle représente, puisqu'elle embrasse à la fois le peuple, c'est-à-dire la force, aussi bien que les attributs principaux de la société, attributs toujours indispensables pour compléter le mérite, la puissance et la durée de toute souveraineté.

L'opinion que j'émets ici n'est pas je crois hasardée, et le peuple luimême, par une force instinctive, la partage et en approuve les conséquences. N'a-t-on pas vu des portions notables de ce peuple s'armer, combattre, lutter corps à corps, et défendre avec le courage du désespoir, l'un ou l'autre de ces *attributs* attaqué et mis en péril ? Ne

réclame de moi ce gage solennel de ma foi, qu'il me soit permis d'examiner la nature de ce serment et d'en discuter au moins la formule.

Fidélité au Roi, obéissance à la Charte, tels sont les termes prescrits.

Dans ce peu de mots je trouve une confusion d'idées, un désordre de préceptes, auxquels je ne puis m'aguerrir : ils blessent à la fois la raison et la vérité.

Si, par amour de l'ordre public, je dois fidélité à la souveraineté, par quelle métamorphose singulière, par quelle bizarrerie subite le Roi obtiendrait-il ce gage et absorberait-il une faveur, à la jouissacce de laquelle il n'est plus appelé ? Mais, en lui promettant cette fidélité, on le considère donc comme souverain ? Et pourquoi alors, dit-on journellement, qu'il n'est que le produit de la souveraineté ? Toutefois, à qui revient cette fidélité ? Elle appartient à la Charte, à la Charte seule, qui est l'expression légitime et authentique de la volonté du souverain. Au Roi, je dois sans contredit une obéissance et une soumission raisonnées ; au Roi, je dois de plus déférence et respect, puisque dans nombre d'occasions, il est le représentant de la majesté du souverain : voilà tout. Exiger

---

l'a-t-on pas vu aussi maître d'un vaste champ de bataille, où il pouvait à l'aise satisfaire ses nombreux besoins, où il pouvait impunément assouvir ses passions les plus grossières, s'arrêter tout à coup ; et, soit qu'il fût frappé du souvenir d'anciens malheurs qu'il avait déjà causés, soit qu'il eût peur de lui-même et qu'il se fût effrayé de l'usage qu'il pourrait faire d'un pouvoir sans limites, ne l'a-t-on pas vu humble et résigné, cacher soudain dans son fourreau le glaive vengeur dont il s'était servi et invoquer avec une ferveur généreuse l'empire tutélaire de tous les attributs sociaux, pour lesquels il avait combattu, et auxquels, durant quelques jours, il avait cru devoir échapper ? Enfin, et si dans d'autres contrées le peuple s'agite et menace, c'est que là aussi les *attributs sociaux* sont, les uns refusés et déniés et les autres trop souvent outragés ou mis en péril.

et admettre au-delà, serait reconnaître et affirmer que la souveraineté a cessé d'appartenir à la société, et qu'elle est de nouveau retournée à son premier berceau, la royauté. Une telle opinion pourrait avoir les conséquences les plus affligeantes, elle rouvrirait, encore une fois, l'immense carrière des révolutions (3).

En fait, quel est le but de ces révolutions? à quelle fin tend cette fermentation générale qui tourmente la France et désole l'Europe (4); elle tend à constituer, à développer les *attributs sociaux*, et surtout à déplacer la souveraineté et à la transmettre des familles dynastiques.

---

(3) J'ai le triste pressentiment que les révolutions ne seront désarmées, que l'esprit révolutionnaire ne sera apaisé, que lorsque la transmission de la souveraineté sera terminée, et qu'elle appartiendra définitivement et sans partage, au corps social. Pour justifier ce pressentiment il convient de rappeler, que beaucoup de personnes s'accordent à reconnaître, que généralement la souveraineté dynastique diffère, sous plusieurs rapports, de la souveraineté sociale : l'une se meut et agit dans une sphère qui lui est personnelle; ce sont des intérêts domestiques ou de famille; des intérêts de droits, de priviléges, de rang, de suprématie, enfin des intérêts de jouissance exclusive et de domination qui la préoccupent sans cesse, et sachant d'avance qu'elle laisse beaucoup à désirer, et que l'on apprécie ses imperfections, elle est naturellement sombre, inquiète et exigeante; tandis que l'autre, la souveraineté sociale, est considérée par ces mêmes personnes, comme un produit collectif de toutes les facultés intellectuelles, comme le centre commun de toutes les forces, comme une existence morale enrichis de toutes les lumières acquises et dégagés des passions, des faiblesses et des imperfections humaines; enfin, comme un pouvoir constamment éveillé et en action pour protéger les intérêts de tous et satisfaire les besoins légaux de chacun.

(4) On ne peut se dissimuler que sous certains rapports, l'Europe, à notre époque, mérite une sérieuse attention. En thèse générale, une révolution morale précède toujours une révolution matérielle, et quand l'une est assise et qu'elle a solidement établi son empire, l'autre n'attend plus que l'occasion pour éclater : étudiez les situations, comparez les pronostics et jugez !

à la société entière: donc en France, en rendant au Roi la souveraineté, c'est tout simplement rendre à la vie l'élément révolutionnaire qui semblait être étouffé.

On m'objectera cependant que, parmi nous, la royauté comprend deux natures bien distinctes; par l'une, elle agit comme pouvoir et fonctionne en ce sens; par l'autre, elle participe à la souveraineté, et même elle la partage, puisqu'elle concourt à la formation de la loi, qui est une expression formelle et caractéristique de cette souveraineté; qu'ainsi la royauté, dans la puissance de cette seconde nature, aurait des droits incontestables à la promesse de fidélité (5).

Je ferai d'abord observer que ce partage de la souveraineté me paraît être une concession, que je tiens seulement pour être passagère; un octroi accidentel en faveur de la royauté; mais une concession ou un octroi qui est toujours révocable; car, lorsque la souveraineté sociale, pour ainsi dire encore naissante, aura acquis assez de force et de maturité, assez de lumière, assez d'expérience et d'habitude des affaires, pour agir par elle-même et se passer, pour la confection de la loi, de guide, de conseil et surtout de compétiteur, elle pourra répudier ces secours

---

(5) Le temps approche, je le présume, où l'on discutera la question de savoir s'il ne convient pas mieux de diviser seulement la souveraineté, que de la partager, comme on l'a fait jusqu'à présent; dans le système de la division, on peut encore conserver un centre commun à toutes les forces, un point d'appui à tous les intérêts, ce qui n'a pas lieu dans le système du partage; en effet, par le partage, une chambre héréditaire ou viagère, dont les préoccupations et les affections sont pour ainsi dire exclusives et se concentrent dans un esprit de corps, peut, quand il lui plaît et par la seule puissance de son inertie, paralyser tout le mouvement social. La royauté à son tour, armée de tout le matériel de la force publique, peut journellement, soit en masse, soit en détail, attaquer la portion de souveraineté qui lui manque, s'en saisir et la transmettre à sa dynastie.

étrangers et dangereux, et renfermer la royauté dans l'action simple et unique de ses fonctions exécutives.

On me demandera si, d'ici là, on lui devra au moins fidélité? Oui, sans doute, on lui devra fidélité, mais dans la proportion seulement de la part de souveraineté qui lui est confiée et qu'elle est chargée d'exercer; eh! pourquoi absorberait-elle seule l'affection et les hommages qui, à tant de titres, appartiennent aussi à d'autres? qu'elle se contente donc d'une fidélité proportionnée à sa puissance et qu'elle renonce à une expression absolue qui serait uniquement en sa faveur.

Ainsi, en prêtant le serment de fidélité au souverain en général, la royauté en prendra sa part, et c'est là, en bonne justice, tout ce qu'elle a le droit de désirer; soutenir le contraire serait prétendre que la partie est plus que le tout et que la fraction a plus de valeur que l'unité.

Toutefois, si après avoir prêté ce serment, que je crois inconvenant et qu'on me prescrit, il s'élevait un conflit sérieux entre la royauté et la souveraineté sociale, si l'une voulait par la force absorber l'autre, enfin, s'il fallait opter quel parti faudrait-il prendre, sous quel drapeau faudrait-il se ranger? Mes chers concitoyens, je vous le demande, suffirait-il d'une fidélité analogue à celle tant promise et jurée à Charles X et à sa dynastie, fidélité impuissante qui, malgré le mérite personnel d'une légitimité tout à fait incontestable, n'a pu sauver trois générations de princes faibles, trompés ou malheureux, de l'abyme qui les a engloutis?

Je crois donc, et je suis profondément convaincu que je dois *fidélité à la souveraineté sociale , respect au roi, et obéissance aux actes légaux des autorités constituées :* tous mes engagemens, quels que puissent en être le sens et les expressions, je me hâte de le déclarer, seront strictement, dans ma conscience, réduits aux effets de cette formule.

Mais, en envisageant bien les choses, en les calculant avec discernement et sagesse, ne serait-on pas tenté de croire que le serment actuel se ressent aussi de cette fâcheuse précipitation, de cette déplorable inconséquence qui accompagne généralement et qui caractérise l'esprit de parti ? Dans une telle situation, la justice, la vérité, la raison, la philosophie politique, qu'il serait toujours si important et si nécessaire de consulter, ne sont guères écoutées ! Loin de là, on dirait qu'une politesse de cour a seule présidé au choix des termes sacramentels; on dirait qu'on a voulu cajoler la royauté, l'enivrer d'illusion, ne lui offrir qu'une promesse de pure adulation, un engagement de flatterie, en un mot, un vrai serment de courtisan.

Mais, dira-t-on, si cette formule ne vous convient pas, abstenez-vous de jurer. En conscience le puis-je? ne me dois-je pas à mon pays, à mes concitoyens ? j'appartiens au premier degré de la représentation, je suis un des élémens actifs de la souveraineté, un citoyen politique; je dois donc attacher du prix à la condition qui m'est assignée, condition malheureusement déjà rendue trop rare. J'ajouterai que si, pour la conserver, il faut se soumettre à de grands sacrifices, je n'hésiterai jamais. Quelle est d'ailleurs la vie, quels sont les devoirs et les besoins de l'homme politique? demandez-le aux gens du pouvoir, aux serviteurs des gouvernemens, aux familiers des cabinets : se conserver d'abord, puis obtenir les succès auxquels on aspire. Tel est aussi mon vœu, il est légitime, honnête, et pour le réaliser, en homme de bien, je ne saurais recourir à des capitulations de conscience.

Je viens, mes chers concitoyens, de vous exposer avec sincérité l'empire des circonstances ainsi que les motifs qui ont influencé et qui déterminent aujourd'hui mes résolutions; veuillez les peser, et, si mes raisons ne suffisent pas pour me justifier dans votre esprit, pour mieux émouvoir votre indulgence, j'oserai vous proposer un grand exemple, que je vous supplie d'imiter.

La loi est l'expression grave, majestueuse et vraie de la prudence, de la morale et de la raison humaine; elle ne pardonne ni la mauvaise foi, ni l'hypocrisie, ni moins encore le scandale d'une imposture solennelle. Cependant, cette loi qui a été témoin de mes nombreux engagemens, qui m'a vu jurer alternativement sur son livre sacré le pour et le contre, cette loi qui devrait me punir, me conserve toutefois assez de confiance pour me déférer encore un nouveau serment ! y a-t-il là de la raison, du bon sens ? Au lieu de cette condescendance inconcevable, ne devrait-elle pas, en me voyant paraître dans le forum politique, s'écrier dans sa juste indignation : « homme faible, versatile et inconstant ! » homme sans foi ! assez et trop long-temps vous avez abusé » de ma confiance, je suis fatigué d'être votre dupe, je ne » vous écoute plus, retirez-vous ! » Mais la loi ne saurait me tenir ce langage, puisque au contraire, malgré sa longue et triste expérience, elle me convie, elle m'appelle encore et tente de nouveau mon inépuisable facilité. Pourquoi tant d'inconséquence ? pourquoi cette faiblesse ? Disons-le, c'est que la loi ne voit dans ces sermens politiques qu'une démonstration bienséante, qu'une formalité d'usage, sans mérite et sans valeur, qui ne résout rien et n'oblige à rien.

Maintenant, mes chers concitoyens, si la loi m'absout de mes parjures politiques, si elle gracie ces méfaits, me refuserez-vous une semblable faveur? non, vous serez bons, indulgens comme elle, et comme elle vous ne trouverez généralement dans ces sortes de sermens, qu'un vain bruit tout au plus, qu'un bruit fugitif et que le moindre vent emporte !